NEW CROWN

♔ English Series

三省堂 ニュークラウン

英語の基本文型

①

JN015806

SANSEIDO

はじめに

　本書は，教科書 NEW CROWN English Series 1 に沿って，中学 1 年で学習する 44 の基本文型とその応用例文がまとめてあります。

　中学校で習う文型が，教科書に出てくる単語を使って，暗記しやすくわかりやすく提示されていますので，くり返し声に出して練習することによって，基本文型を確実に身につけることができます。

本書の使い方

　各文型項目は見開きになっていて，左ページに英文，右ページにその英文に対する日本語訳が示されています。文型は，教科書に出てくる順になっています。

❶ はじめに大きく提示された文は，みなさんにどうしても覚えてもらいたい，教科書に出てくる最も基本的な文です。

❷ 文型の基本的な日本語訳のポイントなどが簡潔に示されています。

❸ 文型を理解するための解説が，わかりやすく簡潔に書かれています。

❹ 同じ文型を使ったいくつかの例文を発展的に取り上げてあります。くり返し練習して，覚えるようにしましょう。

● Lesson ごとに定期テスト対策を用意しています。さまざまな形式の問題を解くことで，学習した内容が身についているか確認し，定期テストへの備えを万全にします。

「赤のチェックシート」の使い方

各文型の重要な部分は赤色で印刷されていますので，「赤のチェックシート」を上に置くことによりポイントとなる部分が見えなくなります。英語から日本語に，または日本語から英語に直す練習のときに，このシートを透かして見える黒い文字を手がかりにしてみましょう。

■ 目 次

Lesson 1 About Me

「私〔あなた〕は…（である）」（肯定文）

重要
暗記文 ➔ **I am Tanaka Hana.**
　　　　You are a dancer.

▌意味を考えよう

I am ....「私は…です」
You are ....「あなたは…です」

✓ チェック！

□ 1. I am Mark.
□ 2. I am fine.
□ 3. I am from China.
□ 4. You are a skier.
□ 5. You are hungry.

「私は…します」（肯定文）

重要
暗記文 ➔ **I play tennis.**

▌意味を考えよう

play「（スポーツ・ゲームなどを）する」（一般動詞）

✓ チェック！

□ 1. I like coffee.
□ 2. I have an English lesson.
□ 3. I study math every day.
□ 4. You like tennis.
□ 5. You play basketball.

私は**田中花**です。
あなたは**ダンサー**です。

┃文型を理解しよう

> 「私は…（である）」と言うときは I am .... ，「あなたは…（である）」
> と言うときは You are .... で表す。

✓ チェック！
- [ ] 1. 私はマークです。
- [ ] 2. 私は元気です。
- [ ] 3. 私は中国出身です。
- [ ] 4. あなたはスキーヤーです。
- [ ] 5. あなたは空腹です。

私は**テニス**をします。

┃文型を理解しよう

> 「私は…する」など，動作や状態を言うときは play, have, like な
> どの一般動詞で表す。

✓ チェック！
- [ ] 1. 私はコーヒーが好きです。
- [ ] 2. 私は英語の授業があります。
- [ ] 3. 私は毎日，数学を勉強します。
- [ ] 4. あなたはテニスが好きです。
- [ ] 5. あなたはバスケットボールをします。

「あなたは…ですか」（疑問文・応答文）

重要
暗記文 ➡ **Are you a baseball fan?**
—Yes, I am. / No, I am [I'm] not.

▌意味を考えよう

Are you ...? 「あなたは…ですか」
—Yes, I am. 「はい，そうです」
—No, I am [I'm] not. 「いいえ，ちがいます」

✓ チェック！
☐ 1. Are you a tennis fan? — Yes, I am.
☐ 2. Are you in the dance club? —No, I am not.
☐ 3. Are you from India? —Yes, I am.
☐ 4. Are you good at judo? —No, I'm not.

「あなたは…しますか」（疑問文・応答文）

重要
暗記文 ➡ **Do you play rock?**
—Yes, I do. / No, I do not [don't].

▌意味を考えよう

Do you ...? 「あなたは…しますか」
—Yes, I do. 「はい，します」
—No, I do not [don't]. 「いいえ，しません」

✓ チェック！
☐ 1. Do you like music? —Yes, I do.
☐ 2. Do you clean the kitchen every day? —No, I do not.
☐ 3. Do you play tennis? —Yes, I do.
☐ 4. Do you like animals? —No, I don't.

あなたは**野球ファン**ですか。
—はい，そうです。 / いいえ，ちがいます。

┃文型を理解しよう

「あなたは…ですか」とたずねるときは，文の最初に be 動詞を置き，Are you ...? とする。それに対する文の主語は I になる。

✓ チェック！

☐ 1. あなたは**テニスファン**ですか。—はい，そうです。

☐ 2. あなたは**ダンス部**ですか。—いいえ，ちがいます。

☐ 3. あなたは**インド出身**ですか。—はい，そうです。

☐ 4. あなたは**柔道が上手**ですか。—いいえ，上手ではありません。

あなたは**ロックを演奏**しますか。
—はい，します。 / いいえ，しません。

┃文型を理解しよう

動作や状態について「あなたは…しますか」たずねるときは，文の最初に do を置き，〈Do you ＋一般動詞 ...?〉とする。答えるときは do または do not [don't] を使う。

✓ チェック！

☐ 1. あなたは**音楽が好き**ですか。—はい，好きです。

☐ 2. あなたは**毎日台所を掃除**しますか。—いいえ，しません。

☐ 3. あなたは**テニスをし**ますか。—はい，します。

☐ 4. あなたは**動物が好き**ですか。—いいえ，好きではありません。

教科書 p. 30

「私［あなた］は…ではありません」（否定文）

重要
暗記文 ➡ **I am [I'm] not good at the guitar.**

┃意味を考えよう

I am [I'm] not ....「私は…ではありません」

✔️ チェック！
- [ ] 1. I am not in a band.
- [ ] 2. I am not sleepy.
- [ ] 3. I'm not a pianist.
- [ ] 4. You are not hungry.
- [ ] 5. You aren't a pianist.

教科書 p. 30

「私［あなた］は…しません」（否定文）

重要
暗記文 ➡ **I do not [don't] play baseball.**

┃意味を考えよう

I [You] do not [don't] ....「私［あなた］は…しません」

✔️ チェック！
- [ ] 1. I do not like animals.
- [ ] 2. I do not speak Chinese.
- [ ] 3. You do not have a computer.
- [ ] 4. You do not speak French.
- [ ] 5. I don't play soccer.

私はギターが上手ではありません。

▍文型を理解しよう

「私［あなた］は…ではありません」と言うときは，be 動詞の後ろに not を置く。

✅ チェック！
- ☐ 1. 私はバンドに入っていません。
- ☐ 2. 私は眠くありません。
- ☐ 3. 私はピアニストではありません。
- ☐ 4. あなたは空腹ではありません。
- ☐ 5. あなたはピアニストではありません。

私は野球をしません。

▍文型を理解しよう

「私は［あなたは］…しません」と言うときは，一般動詞の前に do not [don't] を置く。

✅ チェック！
- ☐ 1. 私は動物が好きではありません。
- ☐ 2. 私は中国語を話しません。
- ☐ 3. あなたはコンピューターを持っていません。
- ☐ 4. あなたはフランス語を話しません。
- ☐ 5. 私はサッカーをしません。

1 次の日本語に合うように，（　　）内から適切な語句を選ぼう。

(1) 私はマークではありません。

I (are not /(am not)) Mark.

(2) あなたはロンドン出身です。

((You are)/ I am) from London.

(3) あなたはアメリカ合衆国出身ですか。

((Are you)/ You are) from the U.S.A.?

(4) 私は日曜日はテニスをしません。

I do (play /(not play)) tennis on Sundays.

(5) あなたはイヌが好きですか。

Do you (play /(like)) dogs?

2 次の日本語に合うように，（　　）内に適切な語を入れよう。

(1) A: あなたは丘先生ですか。

B: はい，そうです。

A: (Are) (you) Mr. Oka?

B: Yes, (I) (am).

(2) A: あなたはオーストラリア出身ですか。

B: いいえ，ちがいます。

A: (Are) (you) from Australia?

B: No, (I'm) (not).

(3) A: あなたは野球をしますか。

B: はい，します。私はサッカーもします。

A: (Do) you (play) baseball?

B: Yes, (I) (do). I also play soccer.

③ 次の各文を日本語にしよう。

(1) Are you hungry?

あなたはおなかがすいていますか。

(2) I am from India.

私はインド出身です。

(3) I eat breakfast at seven o'clock.

私は7時に朝食を食べます。

(4) Do you know Mr. Oka?

あなたは丘先生を知っていますか。

(5) I don't like horror movies.

私はホラー映画は好きではありません。

④ 次の各文を英語にしよう。

(1) 私はわくわくしています。

I am [I'm] excited.

(2) 私はコンピューターを持っていません。

I do not [don't] have a computer.

(3) あなたはロック音楽は好きですか。

Do you like rock music?

(4) あなたは日本出身ですか。

Are you from Japan?

(5) あなたはピアニストですか。

Are you a pianist?

Part 1 　　　　　　　　　　　　　　　教科書 p. 38
「私［彼，彼女］は…することができます」（肯定文）

重要
暗記文 ➔ **I can make pudding.**

▌意味を考えよう

I can ....「私は…することができます」

✔ チェック！
- [ ] 1. I can swim fast.
- [ ] 2. I can ride a unicycle.
- [ ] 3. Mary can run fast.
- [ ] 4. Mark can jump high.
- [ ] 5. She can ride a horse.

Part 1 　　　　　　　　　　　　　　　教科書 p. 38
「私［彼，彼女］は…することができません」（否定文）

重要
暗記文 ➔ **I cannot bake cookies.**

▌意味を考えよう

I cannot ....「私は…することができません」

✔ チェック！
- [ ] 1. I cannot skate well.
- [ ] 2. I cannot ski well.
- [ ] 3. Hana cannot play the piano.
- [ ] 4. Tom cannot climb a tree well.
- [ ] 5. She can't use this computer.

私はプリンを作ることができます。

文型を理解しよう

> 「…することができる」と言うときは，動詞の前に can を置く。can のあとの動詞は原形。

✓ チェック！
- ☐ 1. 私は速く泳ぐことができます。
- ☐ 2. 私は一輪車に乗ることができます。
- ☐ 3. メアリーは速く走ることができます。
- ☐ 4. マークは高くとぶことができます。
- ☐ 5. 彼女は馬に乗ることができます。

私はクッキーを焼くことができません。

文型を理解しよう

> 「…することができません」と言うときは，動詞の前に cannot [can't] を置く。cannot [can't] のあとの動詞は原形。

✓ チェック！
- ☐ 1. 私はスケートが上手にできません。
- ☐ 2. 私はスキーが上手にできません。
- ☐ 3. 花はピアノをひくことができません。
- ☐ 4. トムは上手に木に登ることができません。
- ☐ 5. 彼女はこのコンピューターを使うことができません。

15

「〜できますか？」（疑問文・応答文）

重要
暗記文 ➔ **Can you dance?**
—Yes, I can. / No, I cannot [can't].

▌意味を考えよう

> Can ＋主語＋動詞の原形 ...?「…できますか」
> —Yes, I can.「はい，できます」
> —No, I cannot [can't].「いいえ，できません」

✓ チェック！

☐ 1. Can you play the guitar?
　　—Yes, I can.

☐ 2. Can she read Spanish?
　　—No, she cannot.

☐ 3. Can you run fast?
　　—Yes, I can.

☐ 4. Can you write Chinese?
　　—No, I can't.

☐ 5. Can he dance the "Soran Bushi"?
　　—Yes, he can.

依頼を表す can

　can の疑問文は「…できますか」という意味を表すが，相手にしてもらいたいことがあるときにも can の疑問文を使うことができる。意味は「…してもらえませんか」となる。

Can you sing some* English songs?　*some：いくつかの
「何曲か英語の歌を歌ってくれませんか」

あなたは踊ることができますか。
―はい，できます。 / いいえ，できません。

▌文型を理解しよう

> 「…できますか」とたずねるときは，〈Can ＋主語＋動詞の原形
> ...?〉となる。主語のあとは動詞の原形。答えるときは can または
> cannot [can't] を使う。

✔ チェック！

☐ 1. あなたはギターをひくことができますか。
　　―はい，できます。

☐ 2. 彼女はスペイン語を読むことができますか。
　　―いいえ，できません。

☐ 3. あなたは速く走ることができますか。
　　―はい，できます。

☐ 4. あなたは中国語を書くことができますか。
　　―いいえ，できません。

☐ 5. 彼はソーラン節を踊ることができますか。
　　―はい，できます。

注意が必要な can の使い方

can の疑問文は相手に「…できますか」と能力をたずねる言い方
であり，それが失礼な印象を与えてしまうことがある。

Can you speak English?「あなたは英語を話せますか」

※ストレートに能力があるかどうかをたずねるため，やや失礼な印象を与える
可能性がある。

Do you speak English?「あなたは英語を話しますか」

※能力をたずねているのではないため，失礼な印象は与えない。

1 次の日本語に合うように，（　　）内から適切な語句を選ぼう。

(1) 私はピアノをひくことができます。

I (cannot / can) play the piano.

(2) トムは上手に歌えますか。

(Can / Are) Tom sing well?

(3) 彼女はフランス語を話すことができますか。

(Can / Is) she speak French?

(4) 私はテニスができません。

I (am not / cannot) play tennis.

(5) あなたは速く泳ぐことができますか。

(Are / Can) you swim fast?

2 次の日本語に合うように，（　　）内に適切な語を入れよう。

(1) 私の兄は車を運転することができます。

My brother (can) (drive) a car.

(2) A: あなたは料理をすることができますか。

B: はい，できます。

A: (Can) (you) cook?

B: Yes, (I) (can).

(3) 私のネコはとても速く走ることができます。

My cat (can) (run) very fast.

③ 次の各文を日本語にしよう。

(1) Can he play the drums?

彼はドラムをたたけますか。

(2) My father can cook very well.

私の父はとても上手に料理することができます。

(3) I cannot go to the movies today.

私は今日映画館に行くことができません。

(4) Can your mother sing well?

あなたのお母さんは上手に歌えますか。

(5) My mother can speak Spanish.

私の母はスペイン語を話すことができます。

④ 次の各文を英語にしよう。

(1) 彼女は今日サッカーの練習ができますか。

Can she practice soccer today?

(2) 私はクッキーを作ることができます。

I can make cookies.

(3) 私のイヌは泳ぐことができます。

My dog can swim.

(4) あなたはギターをひくことができますか。

Can you play the guitar?

(5) 彼女は速く走ることができます。

She can run fast.

Part 1 教科書 p. 50

「これ / こちら [それ / そちら] は…です」（肯定文）

重要暗記文 → **This is a dress.**

┃意味を考えよう

This [That] is .... 「これ / こちら [それ / そちら] は…です」

✓ チェック！

☐ 1. This is my bag.
☐ 2. That is my bicycle.
☐ 3. This is Mr. Smith.
☐ 4. That is my cat.
☐ 5. That is our classroom.

Part 1 教科書 p. 50

「これ / こちら [それ / そちら] は…ではありません」（否定文）

重要暗記文 → **This is not [isn't] a dress.**

┃意味を考えよう

This [That] is not .... 「これ / こちら [それ / そちら] は…ではありません」

✓ チェック！

☐ 1. This is not my cap.
☐ 2. This is not Ms. Brown.
☐ 3. This isn't her phone.
☐ 4. That is not my pen.
☐ 5. That isn't Kevin.

これはドレスです。

▌文型を理解しよう

「〜は…(である)」と言うときは〈主語 + be 動詞 (is) ....〉で表す。
this や that とともに用いる be 動詞は is。

✅ チェック！
- ☐ 1. これは私のバッグです。
- ☐ 2. それは私の自転車です。
- ☐ 3. こちらはスミス先生です。
- ☐ 4. それは私のネコです。
- ☐ 5. それは私たちの教室です。

これはドレスではありません。

▌文型を理解しよう

「〜は…ではない」と否定するときは，be 動詞のあとに not を置く。
is not は isn't と短縮できる。

✅ チェック！
- ☐ 1. これは私の帽子ではありません。
- ☐ 2. こちらはブラウン先生ではありません。
- ☐ 3. これは彼女の電話ではありません。
- ☐ 4. それは私のペンではありません。
- ☐ 5. そちらはケビンではありません。

「これは…ですか」（疑問文・応答文）

重要
暗記文 → **Is this Wakaba Shrine?**
—Yes, it is. / No, it is not [isn't].

▌意味を考えよう

Is this ...? 「これは…ですか」
—Yes, it is. 「はい，そうです」
—No, it is not [isn't]. 「いいえ，そうではありません」

✓ チェック！

□ 1. Is this your hat? —Yes, it is.
□ 2. Is this her house? —No, it is not.
□ 3. Is this a tiger? —Yes, it is.
□ 4. Is this your bread? —No, it isn't.
□ 5. Is this your cat? —Yes, it is.

「…は何ですか」

重要
暗記文 → **What is this? — It is a library.**

▌意味を考えよう

What is this? 「これは何ですか」
— It is .... 「(それは) …です」

✓ チェック！

□ 1. What is this? —It is a clock.
□ 2. What is this? —It's a cat.
□ 3. What is this? —It's an old book.

これはわかば神社ですか。
―はい，そうです。/ いいえ，ちがいます。

▌文型を理解しよう

is を this や that の前に出すと疑問文になる。答えるときは that [this] の代わりに it を使う。is not は isn't と短縮することができる。

✓ チェック！
- ☐ 1. これはあなたのぼうしですか。―はい，そうです。
- ☐ 2. これは彼女の家ですか。―いいえ，ちがいます。
- ☐ 3. これはトラですか。―はい，そうです。
- ☐ 4. これはあなたのパンですか。―いいえ，ちがいます。
- ☐ 5. これはあなたのネコですか。―はい，そうです。

これは何ですか。― 図書館です。

▌文型を理解しよう

「…は何ですか」とたずねるときは，what を使う。what のあとは be 動詞の疑問文または一般動詞の疑問文が続く。

✓ チェック！
- ☐ 1. これは何ですか。―時計です。
- ☐ 2. これは何ですか。―ネコです。
- ☐ 3. これは何ですか。―古い本です。

重要
暗記文 ➔ **This is Wakaba-kun. I like him.**

▎意味を考えよう

him「彼」

✓ チェック！

☐ 1. I know her.
☐ 2. You know him.
☐ 3. She likes them.
☐ 4. We like you.

Part 3

「…はだれですか」

教科書 p. 58

重要
暗記文 ➔ **Who is this woman? — She is Makiko.**

▎意味を考えよう

Who is [are] ...?「…はだれですか」

✓ チェック！

☐ 1. Who is that boy? — He is my brother.
☐ 2. Who is this girl? — She is Yumi.
☐ 3. Who is that man? — He's our math teacher.
☐ 4. Who are they? — They are my classmates.

こちらはわかばくんです。私は彼が好きです。

▌文型を理解しよう

he「彼」を動詞の目的語にするときは him にする(目的格)。I は me, you は you, she は her, we は us, they は them になる。

✓ チェック!

☐ 1. 私は彼女を知っています。

☐ 2. あなたは彼を知っています。

☐ 3. 彼女は彼らが好きです。

☐ 4. 私たちはあなたが好きです。

こちらの女性はだれですか。― 彼女はマキコです。

▌文型を理解しよう

「…はだれですか」と人についてたずねるときは who を使う。be 動詞の形はそのあとの名詞にそろえる。

✓ チェック!

☐ 1. あの男の子はだれですか。― 彼は私の弟です。

☐ 2. こちらの女の子はだれですか。― 彼女はユミです。

☐ 3. あの男性はだれですか。― 彼は私たちの数学の先生です。

☐ 4. 彼らはだれですか。― 私のクラスメイトです。

文法のまとめ ❸
「…しなさい」

重要
暗記文 ➔ **Play the guitar.**
Don't play the guitar.

▌意味を考えよう

動詞 ....「…しなさい」
Don't ＋動詞 ....「…してはいけません」

✓ チェック！

- □ 1. Run to the park.
- □ 2. Read this book.
- □ 3. Watch this video.
- □ 4. Don't run.
- □ 5. Don't use this table.

文法のまとめ ❸
「…しましょう」

重要
暗記文 ➔ **Let's take a picture.**

▌意味を考えよう

Let's ＋動詞 ....「…しましょう」

✓ チェック！

- □ 1. Let's go to the park.
- □ 2. Let's sing.
- □ 3. Let's eat dinner.
- □ 4. Let's watch this movie.
- □ 5. Let's play baseball.

ギターをひきなさい。
ギターをひいてはいけません。

▌文型を理解しよう

「…しなさい」と指示するときは，動詞で文を始める。「…してはいけません」と言うときは〈Don't ＋動詞 ....〉。

✔ チェック！

- □ 1. 公園まで走りなさい。
- □ 2. この本を読みなさい。
- □ 3. このビデオを見なさい。
- □ 4. 走ってはいけません。
- □ 5. このテーブルを使ってはいけません。

写真を撮りましょう。

▌文型を理解しよう

「…しましょう」と相手に提案したり，相手を誘ったりするときは，〈Let's ＋動詞〉で文を始める。

✔ チェック！

- □ 1. 公園に行きましょう。
- □ 2. 歌いましょう。
- □ 3. 夕飯を食べましょう。
- □ 4. この映画を見ましょう。
- □ 5. 野球をしましょう。

「あなたは何を…しますか」

重要
暗記文 ➔ **What do you have in your hand?**
 —**I have a book.**

▌意味を考えよう

> What do you ...?
> 「あなたは何を…しますか」

✓ チェック！

☐ 1. What do you have in your bag?
　　—I have some books.

☐ 2. What do you play?
　　—I play the piano.

☐ 3. What do you like about Japan?
　　—I like Japanese food.

「あなたはどんな…を〜しますか」

重要
暗記文 ➔ **What food do you like?**
 —**I like rice balls.**

▌意味を考えよう

> What ＋名詞＋ do you ...?
> 「あなたはどんな…を〜しますか」

✓ チェック！

☐ 1. What music do you like?
　　— I like J-pop music.

☐ 2. What subject do you like? — I like P.E.

☐ 3. What number do you like? — I like seven.

あなたは手に何を持っていますか。
―私は本を持っています。

▌文型を理解しよう

「あなたは何を…しますか」とたずねるときは，what に一般動詞の
疑問文を続ける。

✓ チェック！

☐ 1. あなたのかばんの中には何が入っていますか。
　　　―数冊の本が入っています。

☐ 2. あなたは何をひきますか。
　　　―私はピアノをひきます。

☐ 3. 日本について好きなことは何ですか。
　　　―日本の食べ物が好きです。

あなたはどんな食べ物が好きですか。
―私はおにぎりが好きです。

▌文型を理解しよう

「あなたはどんな…を～しますか」とたずねるときは，〈what ＋名
詞〉を文頭に出し，その後に疑問文を続ける。

✓ チェック！

☐ 1. あなたはどんな音楽が好きですか。
　　　―私は日本のポップスが好きです。

☐ 2. あなたは何の教科が好きですか。 ―私は体育が好きです。

☐ 3. あなたはどんな数字が好きですか。 ―私は 7 が好きです。

「いくつ…」

重要
暗記文 ➔ **How many butterflies do you see?
— I see six butterflies.**

▌意味を考えよう

How many ...? 「…はいくらですか」

✅ チェック！
- ☐ 1. How many pens do you have?
   —I have five pens.
- ☐ 2. How many bags do you have?
   —I have three bags.
- ☐ 3. How many books do you read in a week?
   — I usually read three books.

その他の how の疑問文

How much ...?	**How much is this book?**
How long ...?	**How long is this river?**
How far ...?	**How far is it from here to your house?**
How often ...?	**How often do you go to the library?**

あなたは何匹のチョウが見えますか。
—6匹のチョウが見えます。

┃文型を理解しよう

数をたずねるときは，〈How many ＋名詞の複数形 ...?〉を使う。

✓ チェック！

□ 1. あなたは何本のペンを持っていますか。
　　　—5本持っています。

□ 2. あなたはいくつのかばんを持っていますか。
　　　—3つ持っています。

□ 3. あなたは1週間に何冊の本を読みますか。
　　　—たいてい3冊読みます。

いくら	この本はいくらですか。
どのくらいの長さ	この川の長さはどれくらいですか。
どのくらいの遠さ	ここからあなたの家までどれくらいの遠さですか。
どのくらいの頻度	あなたはどれくらいの頻度で図書館に行きますか。

① 次の日本語に合うように，（　）内から適切な語句を選ぼう。

(1) これは私の帽子です。

　　(That /(This)) is my cap.

(2) こちらはミホです。私は彼女が好きです。

　　((This)/ It) is Miho. I like (she /(her)) .

(3) A: これは何ですか。

　　B: バイオリンです。

　　A: ((What)/ That) is this?

　　B: It is a violin.

(4) 図書館で勉強しましょう。

　　(Do /(Let's)) study in the library.

(5) あなたはどんな食べものが好きですか。

　　(When /(What)) food do you like?

② 次の日本語に合うように，（　）内に適切な語を入れよう。

(1) ここに来なさい。

　　(Come) (here).

(2) A: これはネコですか。

　　B: いいえ，ちがいます。

　　A: (Is) (this) a cat?

　　B: No, (it) (isn't).

(3) 今はテレビを見てはいけません。

　　(Don't) watch TV now.

(4) あなたは彼を知っていますか。

　　Do you know (him)?

3 次の各文を日本語にしよう。

(1) This is not food.

これは食べ物ではありません。

(2) How many cards do you need?

あなたは何枚のカードが必要ですか。

(3) What movie do you like?

あなたは何の映画が好きですか。

(4) Don't play tennis here.

ここではテニスをしてはいけません。

(5) Who is that man?

あの男性はだれですか。

4 次の各文を英語にしよう。

(1) 彼は数学の先生ではありません。

He is not [isn't] a math teacher.

(2) ピアノを練習しなさい。

Practice the piano.

(3) あなたは何匹のイヌを飼っていますか。

How many dogs do you have?

(4) ケビンは何のスポーツが好きですか。

What sport(s) does Kevin like?

(5) 英語を勉強しましょう。

Let's study English.

GET Part 1 　　　　　　　　　　　　　　　　　教科書 p. 70

「…は〜します」（3 人称単数）

重要
暗記文 → **Miki plays tennis.**

▌意味を考えよう

主語 (3 人称単数) + plays tennis.
「…はテニスをします」

✓ チェック！

□ 1. My father knows you.
□ 2. Hana often goes to the library.
□ 3. My mother usually watches TV after dinner.
□ 4. His mother teaches math.
□ 5. My sister likes rock music.

GET Part 2 　　　　　　　　　　　　　　　　　教科書 p. 72

「…は〜しますか」（3 人称単数）

重要
暗記文 → **Does Miki play tennis?**
—Yes, she does. / No, she does not [doesn't].

▌意味を考えよう

Does + 主語 (3 人称単数) + 動詞 ...?
「…は〜しますか」

✓ チェック！

□ 1. Does she like cats? — Yes, she does.
□ 2. Does your mother get up early?
　　 — No, she does not.
□ 3. Does Jim play the piano?
　　 — No, he doesn't.

ミキはテニスをします。

┃ 文型を理解しよう

主語が I（1人称），you（2人称）以外の1人［1つ］（3人称単数）
のとき，動詞の現在形に s または es をつける。

✅ チェック！

□ 1. 私の父はあなたを知っています。

□ 2. 花はよく図書館へ行きます。

□ 3. 私の母はたいてい夕食後にテレビを見ます。

□ 4. 彼のお母さんは数学を教えています。

□ 5. 私の姉はロック音楽が好きです。

ミキはテニスをしますか。
―はい，します。／ いいえ，しません。

┃ 文型を理解しよう

3人称単数が主語の文で，「…は～しますか」とたずねるときは，
〈Does ＋主語（3人称単数）＋動詞 ...?〉とする。答えるときは
does または does not [doesn't] を使う。

✅ チェック！

□ 1. 彼女はネコが好きですか。―はい，好きです。

□ 2. あなたのお母さんは早く起きますか。
　　　　　―いいえ，起きません。

□ 3. ジムはピアノをひきますか。
　　　　　―いいえ，ひきません。

「…は〜しません」（3 人称単数）

重要
暗記文 ➔ **Miki does not [doesn't] play tennis.**

┃意味を考えよう

主語 (3 人称単数) + does not [doesn't] +動詞 ....
「…は〜しません」

✓ チェック！

☐ 1. Risa does not want new shoes.
☐ 2. Mark does not live in this town.
☐ 3. She does not study French.
☐ 4. Mary doesn't like math.
☐ 5. Tom doesn't play any instruments.

動詞の 3 人称単数現在形の作り方

① s をつける	**Tom likes soccer.**
② es をつける	**Tom often watches TV.**
③ y を i に変えて es をつける	**Tom studies Japanese.**
④ 形を変える	**Tom has a soccer ball.**

ミキはテニスをしません。

▍文型を理解しよう

3人称単数が主語の文で，「…は〜しません」と否定するときは，
does not [doesn't] を動詞の前に置き，動詞は原形にする。

✓ チェック！
- ☐ 1. リサは新しいくつが欲しくありません。
- ☐ 2. マークはこの町に住んでいません。
- ☐ 3. 彼女はフランス語を勉強していません。
- ☐ 4. メアリーは数学が好きではありません。
- ☐ 5. トムは楽器を演奏しません。

① s をつける	トムはサッカーが好きです。
② es をつける	トムはよくテレビを見ます。
③ y を i に変えて es をつける	トムは日本語を勉強します。
④ 形を変える	トムはサッカーボールを持っています。

① 次の日本語に合うように，（　　）内から適切な語句を選ぼう。

(1) マイクは朝7時に起きます。

Mike ((gets) / get) up at seven.

(2) あなたのお父さんはギターをひきますか。

Does your father ((play) / plays) the guitar?

(3) 彼は一輪車を持っていません。

He (don't / (doesn't)) have a unicycle.

(4) メアリーはたいてい夕食のあとにテレビを見ます。

Mary usually (watch / (watches)) TV after dinner.

(5) ビリーはロックが好きです。

Billy (like / (likes)) rock music.

② 次の日本語に合うように，（　　）内に適切な語を入れよう。

(1) A: 花は日曜日に英語を勉強をしますか。

B: はい，します。

A: Does Hana (study) English on Sundays?

B: Yes, (she) (does).

(2) 私のイヌはこの食べ物が好きです。

My dog (likes) this food.

(3) A: あなたのお姉さんはサッカーをしますか。

B: いいえ，しません。

A: (Does) your sister (play) soccer?

B: No, (she) (doesn't).

③ 次の各文を日本語にしよう。

(1) She usually does her homework in the library.

彼女はたいてい図書館で宿題をします。

(2) Ken doesn't want these shoes.

ケンはこのくつを欲しくありません。

(3) My brother likes baseball.

私の兄［弟］は野球が好きです。

(4) Does your cat like balls?

あなたのネコはボールが好きですか。

(5) He lives in Australia.

彼はオーストラリアに住んでいます。

④ 次の各文を英語にしよう。

(1) 彼は毎日，自分の部屋を掃除します。

He cleans his room every day.

(2) 彼女はこの歌が好きですか。

Does she like this song?

(3) あなたのお母さんは英語を話しますか。

Does your mother speak English?

(4) 彼女は妹が2人います。

She has two sisters.

(5) 私の父は8時に起きます。

My father gets up at eight.

GET Part 1

教科書 p. 84

現在進行形（肯定文）

重要暗記文 ➔ **Tom is studying math now.**

┃ 意味を考えよう

be 動詞 (am, is, are) ＋動詞の -ing 形
「…しています」

✅ チェック！

☐ 1. He is making curry for dinner.
☐ 2. Sunny is taking a bath.
☐ 3. Kevin is playing with his dog.
☐ 4. Michelle is singing a song.
☐ 5. My sister is practicing tennis.

GET Part 2

教科書 p. 86

現在進行形（疑問文・応答文）

重要暗記文 ➔ **Is Tom studying math now?**
—Yes, he is. / No, he is not.

┃ 意味を考えよう

be 動詞 (Is, Are, Am) ＋主語＋動詞の -ing 形 ...?
「…していますか」

✅ チェック！

☐ 1. Is he practicing baseball now? — Yes, he is.
☐ 2. Is Mark studying Japanese? — Yes, he is.
☐ 3. Are they eating lunch? — No, they are not.
☐ 4. Are you doing your homework? — Yes, I am.
☐ 5. What are you doing?

トムは今，数学を勉強しています。

┃ 文型を理解しよう

「…しています」と今している最中の動作を表すときは，〈is [am, are] ＋動詞の -ing〉を使う。

⊘ チェック！
- ☐ 1. 彼は夕食のためにカレーを作っています。
- ☐ 2. サニーはお風呂に入っています。
- ☐ 3. ケビンは彼のイヌと遊んでいます。
- ☐ 4. ミシェルは歌を歌っています。
- ☐ 5. 私の姉はテニスの練習をしています。

トムは今，数学を勉強していますか。
―はい，しています。／ いいえ，していません。

┃ 文型を理解しよう

「…していますか」と今している動作をたずねるときは，〈Is [Are, Am] ＋主語＋動詞の -ing 形 ...?〉を使う。

⊘ チェック！
- ☐ 1. 彼は今野球の練習をしていますか。― はい，しています。
- ☐ 2. マークは日本語を勉強していますか。―はい，しています。
- ☐ 3. 彼らは昼食を食べていますか。―いいえ，食べていません。
- ☐ 4. あなたは宿題をしていますか。―はい，しています。
- ☐ 5. あなたは何をしているのですか。

重要
暗記文 ➡ **Tom is not studying math now.**

▎意味を考えよう

be 動詞 (am, is, are) ＋ not ＋動詞の -ing 形
「…していません」

✓ チェック！
- ☐ 1. He is not doing his homework now.
- ☐ 2. Daniel is not listening to her.
- ☐ 3. My father is not studying Chinese now.
- ☐ 4. They are not eating dinner now.
- ☐ 5. My sister isn't playing tennis now.

動詞の -ing 形の作り方

① ing をつける	**Tom is playing soccer now.**
② 最後の e をとって ing をつける	**Tom is writing a letter now.**
③ 最後の子音字を重ねて ing をつける	**Tom is running now.**

トムは今，数学を勉強していません。

▎文型を理解しよう

「…していません」というときは，be 動詞のあとに not を置く。isn't や aren't などの短縮形も可。

✅ チェック！

☐ 1. 彼は今，宿題をしていません。
☐ 2. ダニエルは彼女の話を聞いていません。
☐ 3. 私の父は今，中国語を勉強していません。
☐ 4. 彼らは今，夕食を食べていません。
☐ 5. 私の姉は今，テニスをしていません。

① ing をつける	トムは今，サッカーをしています。
② 最後の e をとって ing をつける	トムは今，手紙を書いています。
③ 最後の子音字を重ねて ing をつける	トムは今，走っています。

① 次の日本語に合うように，（　　）内から適切な語句を選ぼう。

(1) 彼は今，友達と野球をしています。

He (plays /(is playing)) baseball with his friends now.

(2) トムは夕食の前に手を洗います。

Tom ((washes)/ is washing) his hands before dinner.

(3) 私の父は今，ギターをひいていません。

My father ((isn't)/ doesn't) playing the guitar now.

(4) あなたは今，宿題をしているのですか。

Are you ((doing)/ do) your homework now?

(5) ダニエルは毎日はリビングを掃除しません。

Daniel (isn't cleaning /(doesn't clean)) the living room every day.

② 次の日本語に合うように，（　　）内に適切な語を入れよう。

(1) A: 彼女は今，ピアノを練習していますか。

　　B: はい，しています。

　　A: Is she (practicing) the piano now?

　　B: Yes, (she) (is).

(2) 私の母は今，朝食を作っています。

My mother (is) (making) breakfast now.

(3) 彼らは今，図書館で勉強をしています。

They (are) (studying) in the library now.

(4) メアリーは今，テレビを見ていません。

Mary (is) (not) (watching) TV now.

③ 次の各文を日本語にしよう。

(1) Ms. Brown is coming to us.

　　ブラウン先生が私たちのほうに来ています。

(2) Jack and his friends are dancing now.

　　ジャックと彼の友達が今，踊っています。

(3) My brother is not practicing baseball now.

　　私の兄［弟］は今，野球の練習をしていません。

(4) Is your father washing his car now?

　　あなたのお父さんは今，車を洗っているのですか。

(5) What are you talking about?

　　あなたは何について話しているのですか。

④ 次の各文を英語にしよう。

(1) メアリーは今，音楽を聴いています。

　　Mary is listening to the music now.

(2) あなたは今，手紙を書いていますか。

　　Are you writing a letter now?

(3) 私の犬は今，水を飲んでいます。

　　My dog is drinking water now.

(4) 私の姉は今，コンピューターを使っています。

　　My sister is using the computer now.

(5) 私の母は今，新聞を読んでいません。

　　My mother is not reading the newspaper now.

GET Part 1

教科書 p. 98

一般動詞の過去形（肯定文）

重要暗記文 → **Amy enjoyed karaoke last Sunday.**
Amy went to Hiroshima last year.

▌意味を考えよう

enjoyed「…を楽しみました」
went「行きました」

✓ チェック！

☐ 1. Tom studied math last night.
☐ 2. He dropped a book.
☐ 3. She walked to the station.
☐ 4. We went to Jim's house.
☐ 5. My father bought a book yesterday.

GET Part 2

教科書 p. 100

一般動詞の過去形（疑問文・応答文）

重要暗記文 → **Did Amy enjoy karaoke last Sunday?**
—Yes, she did. / No, she did not [didn't].

▌意味を考えよう

Did ＋主語＋動詞の原形 ...?
「…しましたか」

✓ チェック！

☐ 1. Did he come here yesterday? — Yes, he did.
☐ 2. Did they play soccer last Saturday? — Yes, they did.
☐ 3. Did Michelle eat breakfast this morning?
　　 — No, she did not [didn't].

エイミーは先週日曜日にカラオケを楽しみました。
エイミーは昨年，広島に行きました。

▌文型を理解しよう

「…しました」という過去の動作や状態は，過去形で表す。動詞には，規則的に変化して過去形になるものと，不規則に変化して過去形になるものがある。

✓ チェック！
□ 1. トムは昨晩，数学を勉強しました。
□ 2. 彼は本を落としました。
□ 3. 彼女は駅まで歩きました。
□ 4. 私たちはジムの家に行きました。
□ 5. 私の父は昨日，本を買いました。

エイミーは先週日曜日にカラオケを楽しみましたか。
―はい，楽しみました。/ いいえ，楽しみませんでした。

▌文型を理解しよう

「…しましたか」と過去の動作や状態をたずねるときは，〈Did ＋ 主語＋動詞の原形 ...?〉を使う。答えるときは did または did not [didn't] を使う。

✓ チェック！
□ 1. 彼は昨日，ここに来ましたか。 ― はい，来ました。
□ 2. 彼らは先週土曜日にサッカーをしましたか。― はい，しました。
□ 3. ミシェルは今朝，朝食を食べましたか。
　　　― いいえ，食べませんでした。

一般動詞の過去形（否定文）

重要
暗記文 ➔ **Amy did not [didn't] enjoy karaoke last Sunday.**

▌意味を考えよう

did not [didn't] ＋動詞の原形
「…しませんでした」

✅ チェック！

☐ 1. Kevin did not come to the party.
☐ 2. He did not eat breakfast this morning.
☐ 3. My father did not read the newspaper this morning.
☐ 4. Daniel didn't use the cleaner.
☐ 5. They didn't study yesterday.

| 規則動詞の過去形の作り方 |

① d / ed をつける	**Tom used my bike yesterday.**
② y を i にかえて ed をつける	**Tom studied Japanese yesterday.**
③ 最後の子音字を重ねて ed をつける	**The bus stopped at the station.**

エイミーは先週日曜日にカラオケを楽しみませんでした。

▌文型を理解しよう

「…しませんでした」というときは，動詞の前に did not [didn't] を置く。動詞は原形になる。

✓ チェック！

□ 1. ケビンはパーティーに来ませんでした。

□ 2. 彼は今朝，朝食を食べませんでした。

□ 3. 私の父は今朝，新聞を読みませんでした。

□ 4. ダニエルは掃除機を使いませんでした。

□ 5. 彼らは昨日，勉強しませんでした。

① d / ed をつける	トムは昨日，私の自転車を使いました。
② y を i にかえて ed をつける	トムは昨日，日本語を勉強しました。
③ 最後の子音字を重ねて ed をつける	バスは駅でとまりました。

① 次の日本語に合うように，（　）内から適切な語句を選ぼう。

(1) 彼は昨日，新しいくつを買いました。

He (buys /(bought)) new shoes yesterday.

(2) 私の母は博物館まで歩きました。

My mother ((walked)/ walk) to the museum.

(3) 私の祖母は神社に行きませんでした。

My grandmother ((didn't)/ do) go to the shrine.

(4) ダニエルは先週，図書館に行きました。

Daniel (go /(went)) to the library last week.

(5) 私は夕食の後，英語を勉強しました。

I (study /(studied)) English after dinner.

② 次の日本語に合うように，（　）内に適切な語を入れよう。

(1) A: あなたは昨日，メアリーと会いましたか。

B: はい，会いました。

A: (Did) you meet Mary yesterday?

B: Yes, (I) (did).

(2) A: トムは新しいテレビを買いましたか。

B: はい。彼は新しいスピーカーも買いました。

A: (Did) Tom buy a new TV?

B: Yes. He (bought) a new speaker too.

(3) A: あなたたちは昨日，カラオケに行きましたか。

B: はい，行きました。私たちはカラオケをとても楽しみました。

A: (Did) you (go) to karaoke yesterday?

B: Yes, we did. We (enjoyed) it very much.

③ **次の各文を日本語にしよう。**

(1) She played basketball with her friends.

　　彼女は友達とバスケットボールをしました。

(2) Did you send a letter to grandmother?

　　あなたは祖母に手紙を送りましたか。

(3) I listened to rock music this morning.

　　私は今朝，ロック音楽を聴きました。

(4) We did not visit that restaurant.

　　私たちはそのレストランを訪れませんでした。

(5) We didn't swim in the river last summer.

　　私たちはこの前の夏は川で泳ぎませんでした。

④ **次の各文を英語にしよう。**

(1) 彼は友人たちと学校まで歩きました。

　　He walked to school with his friends.

(2) 彼女は先週，本を 3 冊買いました。

　　She bought three books last week.

(3) あなたは先週，東京に行きましたか。

　　Did you go to Tokyo last week?

(4) その祭りは午前 10 時に始まりました。

　　The festival started at 10 a.m.

(5) 私は妹のためにケーキを作りました。

　　I made a cake for my sister.

GET Part 1　　　　　　　　　　　　　　教科書 p. 114
be 動詞の過去形（肯定文）

重要
暗記文 **My father was a soccer fan then.**
My parents were soccer players then.

┃意味を考えよう

主語＋ was [were] ....
「(主語) は…でした」

✅ チェック！

☐ 1. She was a Japanese teacher.
☐ 2. They were police officers.
☐ 3. My mother was in Kyoto then.
☐ 4. That was a sad movie.
☐ 5. Last night's game was exciting.

文法のまとめ **7**　　　　　　　　　　　教科書 p. 126
be 動詞の過去形（疑問文・応答文）

重要
暗記文 **Was your father a soccer fan then?**
—Yes, he was. / No, he was not [wasn't].

┃意味を考えよう

Was [Were] ＋主語 ...?
「…でしたか」

✅ チェック！

☐ 1. Was he a bus driver? — Yes, he was.
☐ 2. Was the book boring?
　　 — No, it was not.
☐ 3. Were they angry? — No, they were not.

私の父はそのとき，サッカーのファンでした。
私の両親はそのとき，サッカー選手でした。

┃文型を理解しよう

「…でした」という過去の状態は be 動詞の過去形 was [were] を使って表す。主語が I や三人称・単数の場合は was を，you や we，複数の場合は were を使う。

✓ チェック！

□ 1. 彼女は日本語の教師でした。

□ 2. 彼らは警察官でした。

□ 3. 私の母はそのとき京都にいました。

□ 4. それは悲しい映画でした。

□ 5. 昨晩の試合はわくわくしました。

文法のまとめ ❼

あなたの父はそのとき，サッカーのファンでしたか。
―はい，そうでした。/ いいえ，そうではありませんでした。

┃文型を理解しよう

「…でしたか」と過去の状態をたずねるときは，〈Was [Were] ＋主語 ...?〉を使う。

✓ チェック！

□ 1. 彼はバスの運転手でしたか。 ― はい，そうです。

□ 2. その本はつまらなかったですか。

　　　― いいえ，つまらなくなかったです。

□ 3. 彼らは怒っていましたか。 ― いいえ，怒っていませんでした。

be 動詞の過去形（否定文）

重要
暗記文 ➔ **My father was not a soccer fan then.**

┃意味を考えよう

was [were] not ...
「…ではありませんでした」

✔ チェック！

☐ 1. She was not hungry then.
☐ 2. He was not a singer.
☐ 3. The questions were not difficult.
☐ 4. They weren't baseball fans.
☐ 5. Your bag wasn't there.

be 動詞の活用

現在形	am is are	**I am Yuki.** **He is a student.** **We are good friends.**
過去形	was were	**She was happy then.** **They were good at tennis.**

私の父はそのとき，サッカーのファンではありませんでした。

▌文型を理解しよう

「…ではありませんでした」と否定するときは，was [were] のあとに not を置く。それぞれ wasn't [weren't] と短縮できる。

✅ チェック！

☐ 1. 彼女はそのとき，おなかがすいていませんでした。

☐ 2. 彼は歌手ではありませんでした。

☐ 3. 質問は難しくありませんでした。

☐ 4. 彼らは野球ファンではありませんでした。

☐ 5. あなたのかばんはそこにありませんでした。

現在形	am is are	私はユキです。 彼は学生です。 私たちはよい友達です。
過去形	was were	彼女はそのとき幸せでした。 彼らはテニスが上手でした。

過去進行形

重要
暗記文 ➔ **I was watching TV then.**

▌意味を考えよう

be 動詞の過去形＋動詞の -ing 形
「…していました」

✅ チェック！

☐ 1. She was studying science then.
☐ 2. My sister was reading then.
☐ 3. My mother was making cookies then.
☐ 4. We were sleeping then.
☐ 5. I was watching TV then.

look + A

重要
暗記文 ➔ **You look happy.**

▌意味を考えよう

look ...
「…に見えます」

✅ チェック！

☐ 1. You look sleepy.
☐ 2. Kevin looks tired.
☐ 3. Kate looks angry.
☐ 4. You look surprised.
☐ 5. You look nervous.

私はそのときテレビを見ていました。

┃文型を理解しよう

過去のある時点に行っていた動作について「…していました」というときは，〈was [were] ＋動詞の -ing 形〉で表す。

✓ チェック！
☐ 1. 彼女はそのとき理科を勉強していました。
☐ 2. 私の姉はそのとき読書をしていました。
☐ 3. 私の母はそのときクッキーを作っていました。
☐ 4. 私たちはそのとき眠っていました。
☐ 5. 私はそのときテレビを見ていました。

文法のまとめ ❼

うれしそうですね。

┃文型を理解しよう

「…（状態）に見えます」と言うときは，look … で表す。

✓ チェック！
☐ 1. あなたは眠そうです。
☐ 2. ケビンは疲れているようです。
☐ 3. ケイトは怒っているようです。
☐ 4. あなたはびっくりしているようです。
☐ 5. あなたは緊張しているようです。

① **次の日本語に合うように，（　　）内から適切な語句を選ぼう。**

(1) 彼はうれしそうです。

He (looks at / (looks)) happy.

(2) 私はそのとき 11 歳でした。

I (were / (was)) 11 years old then.

(3) 彼らはそのとき学校まで歩いていました。

They (walking / (were walking)) to school then.

(4) メアリーはそのとき絵を描いていました。

Mary (were / (was)) drawing a picture then.

(5) 私の母はテニス選手ではありませんでした。

My mother ((wasn't) / was) a tennis player.

② **次の日本語に合うように，（　　）内に適切な語を入れよう。**

(1) ノートは彼女の机の上にありませんでした。

The notebook (wasn't) on her desk.

(2) ケイトは空腹でした。

Kate (was) hungry.

(3) ダニエルはそのとき家にいました。

Daniel (was) at home then.

(4) 私たちは 10 年前，同じ学校にいました。

We (were) in the same school 10 years ago.

(5) *A:* 彼はそのとき忙しかったですか。

B: はい，忙しかったです。

A: (Was) he busy then?

B: Yes, he (was).

③ 次の各文を日本語にしよう。

(1) I was reading the newspaper then.

　　私はそのとき新聞を読んでいました。

(2) His bag was on the desk.

　　彼のかばんは机の上にありました。

(3) Was your grandmother an English teacher?

　　あなたの祖母は英語の先生でしたか。

(4) The curry was delicious.

　　そのカレーはおいしかったです。

(5) They were practicing soccer then.

　　彼らはそのときサッカーの練習をしていました。

④ 次の各文を英語にしよう。

(1) 私のおじはテニス選手でした。

　　My uncle was a tennis player.

(2) あなたはそのとき眠っていましたか。

　　Were you sleeping then?

(3) 彼女と私はクラスメートではありませんでした。

　　She and I were not classmates.

(4) 彼らは眠そうでした。

　　They looked sleepy.

(5) この映画は5年前，人気がありました。

　　This movie was popular five years ago.

GET Part 1 教科書 p. 128
未来を表す will（肯定文）

重要
暗記文 ➔ **It will be cold tomorrow.**

....

┃意味を考えよう

will ＋動詞の原形
「…するでしょう」

✓ チェック！

☐ 1. It will be sunny on Sunday.

☐ 2. He will play tennis tomorrow.

☐ 3. She will go to Nagasaki next month.

GET Part 1 教科書 p. 128
未来を表す will（疑問文・応答文）

重要
暗記文 ➔ **Will it be cold tomorrow?**
—Yes, it will. / No, it will not [won't].

....

┃意味を考えよう

Will ＋主語＋動詞の原形 ...?
「…するでしょうか」

✓ チェック！

☐ 1. Will it be rainy this weekend? — Yes, it will.

☐ 2. Will she come with you?
   — No, she will not.

☐ 3. Will he help us?
   — No, he will not.

明日は寒くなるでしょう。

▌文型を理解しよう

現在から見て，未来のことについて「…でしょう」と言うときは，助動詞 will を使う。

⊘ チェック！
☐ 1. 日曜日は晴れるでしょう。
☐ 2. 彼は明日，テニスをするでしょう。
☐ 3. 彼女は来月，長崎に行くでしょう。

明日は寒くなるでしょうか。
―はい，なるでしょう。／ いいえ，ならないでしょう。

▌文型を理解しよう

未来のことについて「…でしょうか」とたずねるときは〈Will ＋主語＋動詞の原形 ...?〉を使う。答えるときは will または will not [won't] を使う。

⊘ チェック！
☐ 1. 今週末は雨が降るでしょうか。 ― はい，降るでしょう。
☐ 2. 彼女はあなたといっしょに来るでしょうか。
　　　― いいえ，来ないでしょう。
☐ 3. 彼は私たちを手伝ってくれるでしょうか。
　　　― いいえ，手伝ってくれないでしょう。

未来を表す will（否定文）

重要
暗記文 → **It will not [won't] be cold tomorrow.**

▌意味を考えよう

will not [won't] ＋動詞の原形
「…しないでしょう」

✓ チェック！

☐ 1. It will not be rainy next week.
☐ 2. He will not come to the party.
☐ 3. She will not say anything about it.
☐ 4. That movie won't be very exciting.
☐ 5. He won't play tennis tomorrow.

will の短縮形

I will → I'll	**I'll do that.**
we will → we'll	**We'll clean the room.**
you will → you'll	**You'll be fine.**
he will → he'll	**He'll go to Kanazawa.**
she will → she'll	**She'll make dinner tomorrow.**
it will → it'll	**It'll be sunny tomorrow.**
they will → they'll	**They'll visit the shrine.**
will not → won't	**He won't come to the library tomorrow.**

明日は寒くならないでしょう。

┃文型を理解しよう

未来のことについて「…しないでしょう」と否定するときは〈will not [won't] ＋動詞の原形〉を使う。

✓ チェック！

□ 1. 来週は雨が降らないでしょう。

□ 2. 彼はパーティーに来ないでしょう。

□ 3. 彼女はそれについて何も言わないでしょう。

□ 4. その映画はあまりわくわくしないでしょう。

□ 5. 彼は明日，テニスをしないでしょう。

I will	→ I'll	私がそれをします。
we will	→ we'll	私たちが部屋を掃除します。
you will	→ you'll	あなたは大丈夫でしょう。
he will	→ he'll	彼は金沢に行くでしょう。
she will	→ she'll	彼女は明日，夕食を作るでしょう。
it will	→ it'll	明日は晴れでしょう。
they will	→ they'll	彼らはその神社を訪れるでしょう。

will not	→ won't	彼は明日，図書館に来ないでしょう。

未来を表す be going to ...（肯定文）

重要
暗記文 → **I am going to clean the park tomorrow.**

∥意味を考えよう

be going to ...
「…するつもりです」

✓ チェック！

☐ 1. I am going to buy a new computer.
☐ 2. My sister is going to bake cookies.
☐ 3. Mary is going to climb Mt. Fuji.
☐ 4. They are going to take the 7:50 train.

未来を表す be going to ...（疑問文・応答文）

重要
暗記文 → **Are you going to clean the park tomorrow?
—Yes, I am. / No, I am not.**

∥意味を考えよう

be 動詞＋主語＋ going to ...?
「…するつもりですか」

✓ チェック！

☐ 1. Are you going to see this movie next weekend?
— Yes, I am.
☐ 2. Is Daniel going to clean the room after breakfast?
— No, he is not.

私は明日，公園を掃除するつもりです。

┃文型を理解しよう

現在すでに予定していることについて「…するつもり［予定］です」
と言うときは be going to ... を使う。

✓ チェック！
- ☐ 1. 私は新しいコンピューターを買うつもりです。
- ☐ 2. 私の姉はクッキーを焼くつもりです。
- ☐ 3. メアリーは富士山に登るつもりです。
- ☐ 4. 彼らは 7 時 50 分の電車に乗るつもりです。

あなたは明日，公園を掃除するつもりですか。
― はい，するつもりです。／ いいえ，するつもりはありません。

┃文型を理解しよう

現在すでに予定していることについて「…するつもり［予定］です
か」とたずねるときは〈be 動詞＋主語＋ going to ...?〉を使う。答
え方は be 動詞の疑問文と同じ。

✓ チェック！
- ☐ 1. あなたは次の週末にこの映画を見るつもりですか。
     ― はい，そのつもりです。
- ☐ 2. ダニエルは朝食の後に部屋を掃除するつもりですか。
     ― いいえ，そのつもりではありません。

未来を表す be going to ...（否定文）

重要暗記文 ➔ **I am not going to clean the park tomorrow.**

....

▌意味を考えよう

be not going to ...
「…するつもりではありません」

✔ チェック！

☐ 1. I am not going to watch the game tonight.

☐ 2. He is not going to practice the piano today.

☐ 3. My father is not going to use the car this afternoon.

☐ 4. It is not going to snow tomorrow.

☐ 5. Henry is not going to help us.

その場で思いついた行為に使う will

　will はその場で思いついたことを実行するときにも使う。be going to ... にこの用法はない。

A : **I'm very tired.**

　「私はとても疲れているの」

B : **I will wash the dishes for you.**

　「きみの代わりにぼくが皿を洗うよ」

私は明日，公園を掃除するつもりではありません。

▍文型を理解しよう

> 現在から見て「…するつもり［予定］ではありません」と否定する
> ときは be not going to ... を使う。

✓ チェック！

☐ 1. 私は今夜，その試合を見るつもりはありません。
☐ 2. 彼は今日，ピアノの練習をするつもりはありません。
☐ 3. 私の父は今日の午後，車を使うつもりはありません。
☐ 4. 明日は雪が降りそうではありません。
☐ 5. ヘンリーは私たちを手伝うつもりはありません。

be going to ... のくだけた表現

> be going to の going to を gonna [g(ə)nə ガナ] と発音するこ
> とがある。くだけた会話などでよく使われる。英文を書くときに
> gonna を使うのは避けたほうがよい。

① 次の日本語に合うように，（　）内から適切な語句を選ぼう。

(1) 彼は大学で数学を勉強するつもりです。

He (will be /(is going to)) study math at college.

(2) 私は家で宿題をするつもりです。

I ((am going to)/ am) do homework at home.

(3) ケビンはパーティーに来ないでしょう。

Kevin ((will)/ does) not come to the party.

(4) 私はこのコンピューターを買うつもりではありません。

I (will not /(am not)) going to buy this computer.

(5) 私の父は明日ジムに行くでしょう。

My father (goes /(will go)) to the gym tomorrow.

② 次の日本語に合うように，（　）内に適切な語を入れよう。

(1) 明日は雪が降るでしょう。

It (will) snow tomorrow.

(2) 私は母の手伝いをするつもりです。

I (am) (going) (to) help my mother.

(3) 彼はサッカーの練習に来ないでしょう。

He (won't) (come) to the soccer practice.

(4) 私たちは明日，絵を描くつもりはありません。

We (are) (not) (going) (to) draw a picture tomorrow.

(5) A: あなたは今度の週末は何をする予定ですか。

B: 部屋を掃除する予定です。

A: What (are) (you) (going) to do next weekend?

B: I (am) (going) (to) clean my room.

③ 次の各文を日本語にしよう。

(1) She is going to study Japanese in Tokyo.

彼女は東京で日本語の勉強をするつもりです。

(2) They are going to bake cookies this afternoon.

彼らは今日の午後，クッキーを焼く予定です。

(3) This is a good cap. My brother will buy it.

これはよい帽子です。私の兄［弟］はそれを買うでしょう。

(4) "I'm hungry." "I will make some sandwiches."

「おなかがへっています」「サンドイッチを作りますよ」

(5) It is raining. They will not practice soccer today.

雨が降っています。彼らは今日，サッカーの練習をしないでしょう。

④ 次の各文を英語にしよう。

(1) あなたはそのレストランで食事をするつもりですか。

Are you going to eat at that restaurant?

(2) 雨が降っています。彼らは公園に行かないでしょう。

It is raining. They will not go to the park.

(3) 私は今夜，一生懸命に勉強するつもりです。

I am going to study hard tonight.

(4) 彼はその試験を受けるつもりですか。

Is he going to take that exam?

(5) あなたは今日の午後，何をする予定ですか。

What are you going to do this afternoon?

どんな食べ物が好きですか

重要
暗記文 ➔ **What food do you like?**

▌意味を考えよう

What ... do you 〜 ?
「あなたはどんな…を〜ですか」

✅ チェック！

☐ 1. What **animal** do you like?
☐ 2. What **sport** do you like?
☐ 3. What **music** do you like?
☐ 4. What **movie** do you like?
☐ 5. What **day** do you like?

チョウが何匹見えますか

重要
暗記文 ➔ **How many butterflies do you see?**

▌意味を考えよう

How many ... do you 〜 ?
「いくつの…が〜ですか」

✅ チェック！

☐ 1. How many **sports** do you play?
☐ 2. How many **books** do you have?
☐ 3. How many **lessons** do you have today?
☐ 4. How many **students** do you see?
☐ 5. How many **English songs** do you know?

あなたはどんな**食べ物が好き**ですか。

▌文型を理解しよう

「あなたはどんな…が〜ですか」とたずねるときは〈What ＋名詞〉で文を始める。

✅ チェック！
- ☐ 1. あなたはどんな動物が好きですか。
- ☐ 2. あなたはどんなスポーツが好きですか。
- ☐ 3. あなたはどんな音楽が好きですか。
- ☐ 4. あなたはどんな映画が好きですか。
- ☐ 5. あなたは何曜日が好きですか。

あなたはチョウが**何匹見え**ますか。

▌文型を理解しよう

「いくつの…が〜ですか」と数をたずねるときは〈How many ＋名詞の複数形〉で文を始める。

✅ チェック！
- ☐ 1. あなたはいくつのスポーツをしますか。
- ☐ 2. あなたはいくつの本を持っていますか。
- ☐ 3. あなたは今日，いくつの授業がありますか。
- ☐ 4. あなたは何人の生徒が見えますか。
- ☐ 5. あなたは英語の歌を何曲知っていますか。

どちらがほしいですか

重要
暗記文 ➔ **Which do you want, strawberry or lemon?**
— I want lemon.

┃意味を考えよう

Which ... , A or B?
「A と B, どちらが…ですか」

✓ チェック！

☐ 1. Which do you want, an apple or an orange?
☐ 2. Which do you need, this pen or that one?
☐ 3. Which do you usually play, baseball or soccer?
☐ 4. Which is your bag, this one or that one?
☐ 5. Which is Miki, this girl or that girl?

これはだれの鍵(かぎ)ですか

重要
暗記文 ➔ **Whose key is this? Is it yours?**
— No. It's not mine. It's Riku's.

┃意味を考えよう

Whose ...?
「だれの…」

✓ チェック！

☐ 1. Whose bag is this? — It's mine.
☐ 2. Whose umbrella is this? — It's my sister's.
☐ 3. Whose textbook is this? — It's mine.
☐ 4. Whose pencil case is this? — It's yours.
☐ 5. Whose ball is this? — It's Tom's.

あなたはいちご味とレモン味，どちらがほしいですか。
ーレモン味がほしいです。

⎸文型を理解しよう

「どちらが…ですか」と相手の選択をたずねるときは〈Which ... , A or B ~ ?〉とする。

✓ チェック！

☐ 1. りんごとオレンジ，どちらがほしいですか。

☐ 2. このペンとあのペン，どちらが必要ですか。

☐ 3. 野球とサッカー，ふだんはどちらをしますか。

☐ 4. このかばんとあのかばん，どちらがあなたのかばんですか。

☐ 5. この女の子とあの女の子，どちらがミキですか。

これはだれの鍵ですか。あなたのですか。
ー いいえ。私のではありません。陸のです。

⎸文型を理解しよう

「だれの…」と持ち主をたずねるときは whose を使う。〈Whose ＋名詞 ...?〉の形になることが多い。

✓ チェック！

☐ 1. これはだれのかばんですか。ー 私のです。

☐ 2. これはだれの傘ですか。ー 私の妹のです。

☐ 3. これはだれの教科書ですか。ー 私のです。

☐ 4. これはだれの筆箱ですか。ー あなたのですよ。

☐ 5. これはだれのボールですか。ー トムのです。

うれしそうですね

重要
暗記文 ➔ **You look happy.**

▌意味を考えよう

look ...
「…に見えます」

✓ チェック！

☐ 1. You look sleepy.
☐ 2. Kevin looks bored.
☐ 3. Kate looks fine.
☐ 4. You look surprised.
☐ 5. You look hungry.

ベッドを整えてくれませんか

重要
暗記文 ➔ **Can you make the bed?**
— Yes, of course.

▌意味を考えよう

Can you ...?
「…してくれませんか」

✓ チェック！

☐ 1. Can you help me? — Sorry. I'm busy now.
☐ 2. Can you open the window? — Sure.
☐ 3. Can you sit there? — Here?
☐ 4. Can you close the door? — OK.
☐ 5. Can you read this letter for me? — Of course.

うれしそうですね。

▌文型を理解しよう

> 「… (状態) に見えます」と言うときは，look ... で表す。

✓ チェック！
- [ ] 1. あなたは眠そうです。
- [ ] 2. ケビンはつまらなさそうです。
- [ ] 3. ケイトは元気そうです。
- [ ] 4. あなたはびっくりしているようです。
- [ ] 5. あなたは空腹そうです。

ベッドを整えてくれませんか。
ー はい，もちろんです。

▌文型を理解しよう

> 「…してくれませんか」と依頼するときは Can you ...? を使う。

✓ チェック！
- [ ] 1. 私を手伝ってくれませんか。ーごめんなさい。今忙しいのです。
- [ ] 2. 窓を開けてくれませんか。ー もちろんです。
- [ ] 3. そこにすわってくれませんか。ーここですか。
- [ ] 4. ドアを閉めてくれませんか。ー いいですよ。
- [ ] 5. 私のためにこの手紙を読んでくれませんか。ーもちろんです。

1 年生の文型の整理

Lesson 1
☐ I am Tanaka Hana.
☐ You are a dancer.
☐ I play tennis.
☐ Are you a baseball fan?
　　— Yes, I am. / No, I am [I'm] not.
☐ Do you play rock?
　　— Yes, I do. / No, I do not [don't].
☐ I am [I'm] not good at the guitar.
☐ I do not [don't] play baseball.

Lesson 2
☐ I can make pudding.
☐ I cannot bake cookies.
☐ Can you dance?
　　— Yes, I can. / No, I cannot [can't].

Lesson 3
☐ This is a dress.
☐ This is not [isn't] a dress.
☐ Is this Wakaba Shrine?
　　— Yes, it is. / No, it is not [isn't].
☐ What is this? — It is a library.
☐ This is Wakaba-kun. I like him.
☐ Who is this woman? — She is Makiko.
☐ Play the guitar.
☐ Don't play the guitar.
☐ Let's take a picture.
☐ What do you have in your hand? — I have a book.
☐ What food do you like? — I like rice balls.
☐ How many butterflies do you see? — I see six butterflies.

Lesson 4
☐ Miki plays tennis.
☐ Does Miki play tennis?
　　— Yes, she does. / No, she does not [doesn't].
☐ Miki does not [doesn't] play tennis.

Lesson 5
☐ Tom is studying math now.
☐ Is Tom studying math now?
　　— Yes, he is. / No, he is not.
☐ Tom is not studying math now.

- ☐ 私は田中花です。
- ☐ あなたはダンサーです。
- ☐ 私はテニスをします。
- ☐ あなたは野球ファンですか。
  - —はい，そうです。/ いいえ，ちがいます。
- ☐ あなたはロックを演奏しますか。
  - —はい，します。/ いいえ，しません。
- ☐ 私はギターが上手ではありません。
- ☐ 私は野球をしません。

- ☐ 私はプリンを作ることができます。
- ☐ 私はクッキーを焼くことができません。
- ☐ あなたは踊ることができますか。
  - —はい，できます。/ いいえ，できません。

- ☐ これはドレスです。
- ☐ これはドレスではありません。
- ☐ これはわかば神社ですか。
  - —はい，そうです。/ いいえ，ちがいます。
- ☐ これは何ですか。— 図書館です。
- ☐ こちらはわかばくんです。私は彼が好きです。
- ☐ こちらの女性はだれですか。— 彼女はマキコです。
- ☐ ギターをひきなさい。
- ☐ ギターをひいてはいけません。
- ☐ 写真を撮りましょう。
- ☐ あなたは手に何を持っていますか。—私は本を持っています。
- ☐ あなたはどんな食べ物が好きですか。—私はおにぎりが好きです。
- ☐ あなたは何匹のチョウが見えますか。—6匹のチョウが見えます。

- ☐ ミキはテニスをします。
- ☐ ミキはテニスをしますか。
  - —はい，します。/ いいえ，しません。
- ☐ ミキはテニスをしません。

- ☐ トムは今，数学を勉強しています。
- ☐ トムは今，数学を勉強していますか。
  - —はい，しています。/ いいえ，していません。
- ☐ トムは今，数学を勉強していません。

Lesson 6
- ☐ Amy enjoyed karaoke last Sunday.
- ☐ Amy went to Hiroshima last year.
- ☐ Did Amy enjoy karaoke last Sunday?
   — Yes, she did. / No, she did not [didn't].
- ☐ Amy did not [didn't] enjoy karaoke last Sunday.

Lesson 7
- ☐ My father was a soccer fan then.
- ☐ My parents were soccer players then.
- ☐ Was your father a soccer fan then?
   — Yes, he was. / No, he was not [wasn't].
- ☐ My father was not a soccer fan then.
- ☐ I was watching TV then.
- ☐ You look happy.

Lesson 8
- ☐ It will be cold tomorrow.
- ☐ Will it be cold tomorrow?
   — Yes, it will. / No, it will not [won't].
- ☐ It will not [won't] be cold tomorrow.
- ☐ I am going to clean the park tomorrow.
- ☐ Are you going to clean the park tomorrow?
   — Yes, I am. / No, I am not.
- ☐ I am not going to clean the park tomorrow.

GET Plus 1
- ☐ What food do you like?

GET Plus 2
- ☐ How many butterflies do you see?

GET Plus 3
- ☐ Which do you want, strawberry or lemon?
   — I want lemon.

GET Plus 4
- ☐ Whose key is this? Is it yours?
   — No. It's not mine. It's Riku's.

GET Plus 5
- ☐ You look happy.

GET Plus 6
- ☐ Can you make the bed? — Yes, of course.

- [ ] エイミーは先週日曜日にカラオケを楽しみました。
- [ ] エイミーは昨年，広島に行きました。
- [ ] エイミーは先週日曜日にカラオケを楽しみましたか。
  ― はい，楽しみました。/ いいえ，楽しみませんでした。
- [ ] エイミーは先週日曜日にカラオケを楽しみませんでした。

- [ ] 私の父はそのとき，サッカーのファンでした。
- [ ] 私の両親はそのとき，サッカー選手でした。
- [ ] あなたの父はそのとき，サッカーのファンでしたか。
  ―はい，そうでした。/ いいえ，そうではありませんでした。
- [ ] 私の父はそのとき，サッカーのファンではありませんでした。
- [ ] 私はそのときテレビを見ていました。
- [ ] うれしそうですね。

- [ ] 明日は寒くなるでしょう。
- [ ] 明日は寒くなるでしょうか。
  ―はい，なるでしょう。/ いいえ，ならないでしょう。
- [ ] 明日は寒くならないでしょう。
- [ ] 私は明日，公園を掃除するつもりです。
- [ ] あなたは明日，公園を掃除するつもりですか。
  ― はい，するつもりです。/ いいえ，するつもりはありません。
- [ ] 私は明日，公園を掃除するつもりではありません。

- [ ] あなたはどんな食べ物が好きですか。

- [ ] あなたはチョウが何匹見えますか。

- [ ] あなたはいちご味とレモン味，どちらがほしいですか。
  ―レモン味がほしいです。

- [ ] これはだれの鍵ですか。あなたのですか。
  ― いいえ。私のではありません。陸のです。

- [ ] うれしそうですね。

- [ ] ベッドを整えてくれませんか。― はい，もちろんです。

【イラスト】 川口澄子
【編集協力】 株式会社シー・レップス

15 三省堂 英語703 NEW CROWN English Series 1

三省堂 ニュークラウン 完全準拠　英語の基本文型 1

編　者	三　省　堂　編　修　所
発　行　者	株式会社三　　省　　堂
	代表者　瀧　本　多　加　志
印　刷　者	三　省　堂　印　刷　株　式　会　社
発　行　所	株式会社三　　省　　堂

〒102-8371　東京都千代田区麹町五丁目 7 番地 2
電　話　　(03) 3230-9411
https://www.sanseido.co.jp/
©Sanseido Co., Ltd. 2021
Printed in Japan

ISBN978-4-385-58954-1　　　　　　　　〈03 中英基本文型 1〉③